"POR SIEMPRE" ¡AGRADECIDOS!

"Una pequeña lección sobre Acción de Gracias"

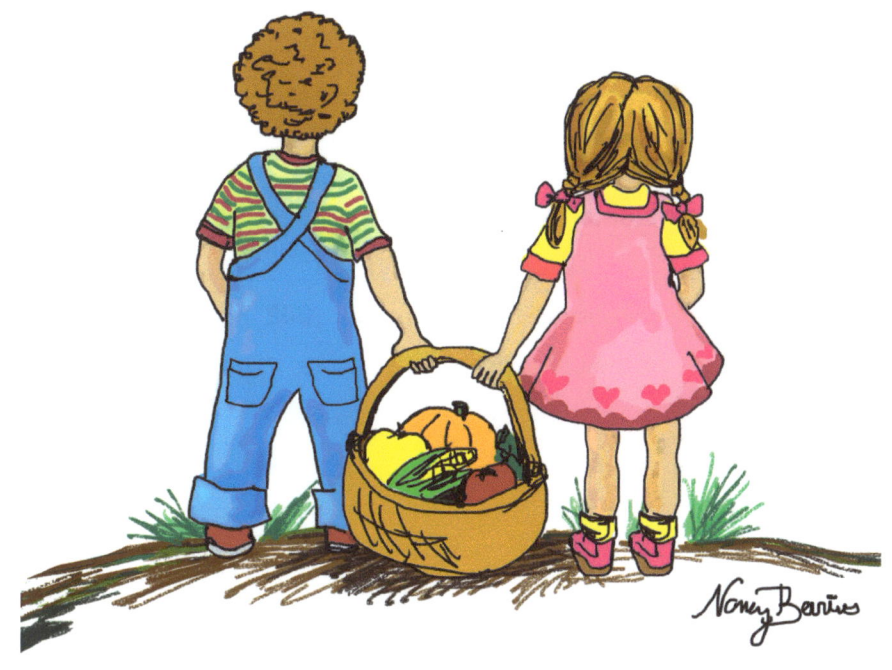

Escrito e ilustrado por Nancy M. Berrios

© 2018 Nancy M. Berrios, Todos los derechos reservados.

ISBN-13: 978-1985377929

ISBN-10: 1985377926

No se debe reimprimir ningún texto o imagen en este trabajo sin el permiso del autor y del ilustrador.

Para obtener más información, comuníquese con:

Nancy M. Berrios

Visibly Present Imagery,

1132 Schneider Avenue, Oak Park, IL 60302.

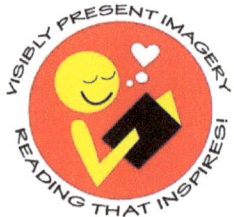

Las siguiente Biblia fue citada en este trabajo:

La Biblia Reina-Valera

Publicado originalmente: 1602

Autor: Cipriano de Valera

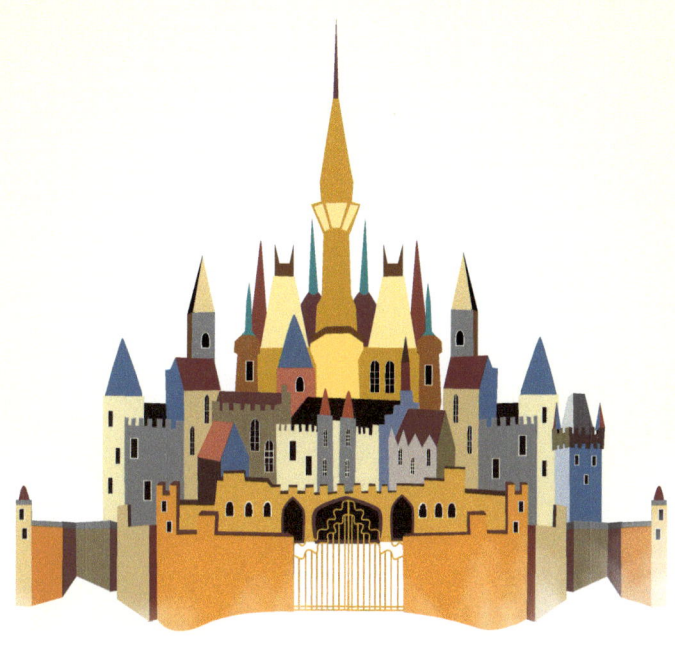

Que los ojos de tu corazón se abran
y recibas completamente las maravillosas riquezas
del Reino de Dios!

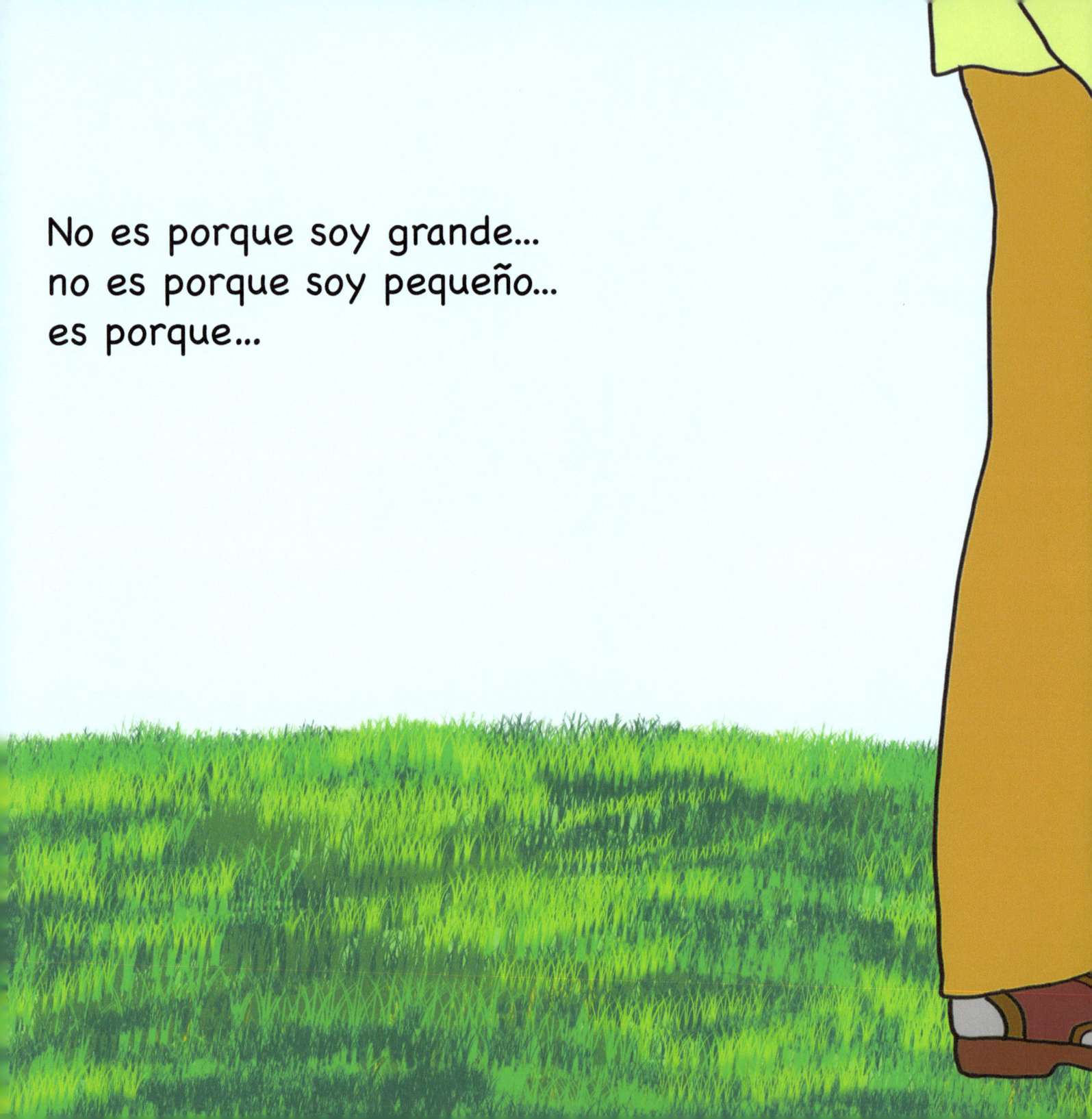

No es porque soy grande...
no es porque soy pequeño...
es porque...

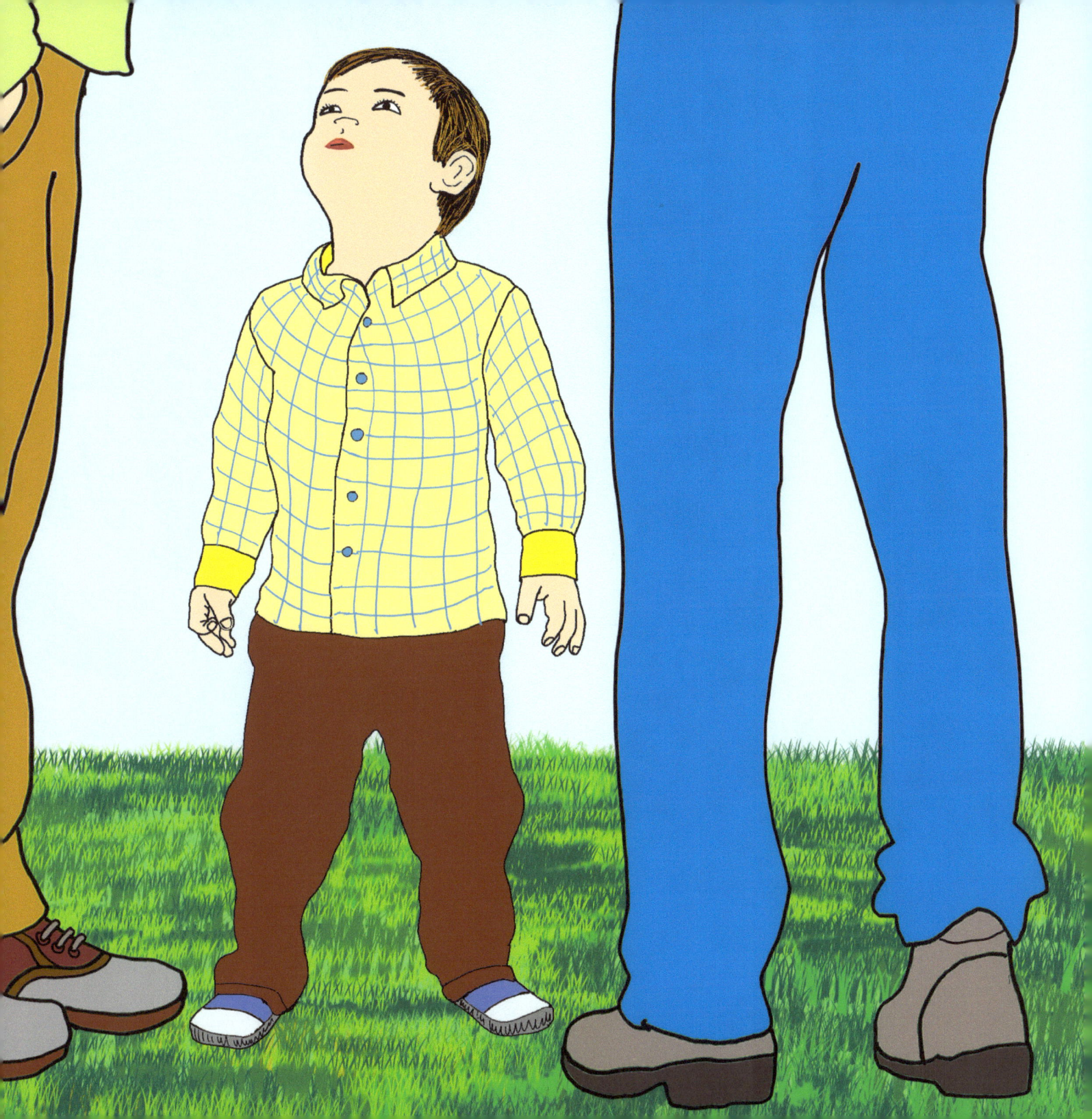

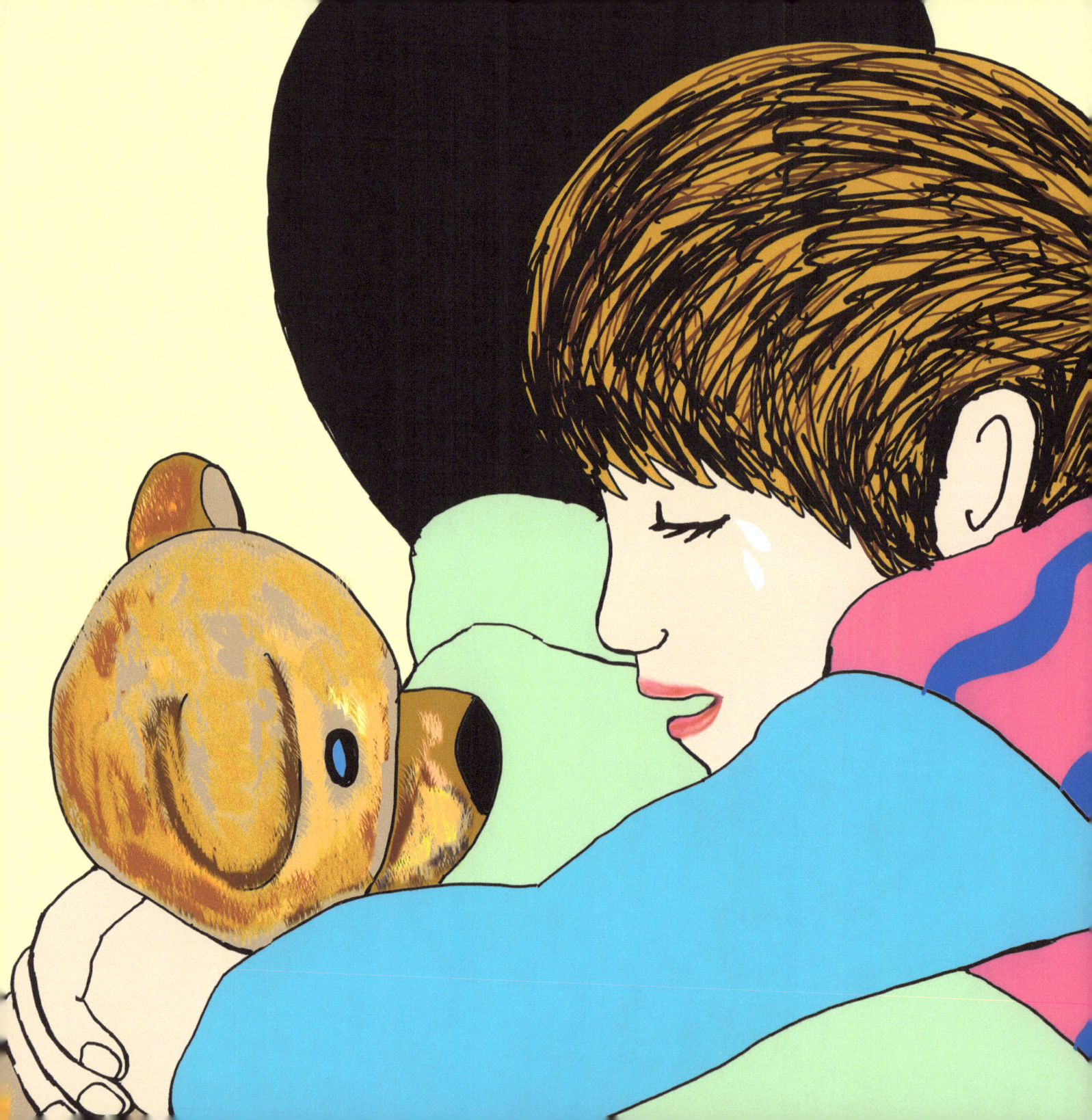

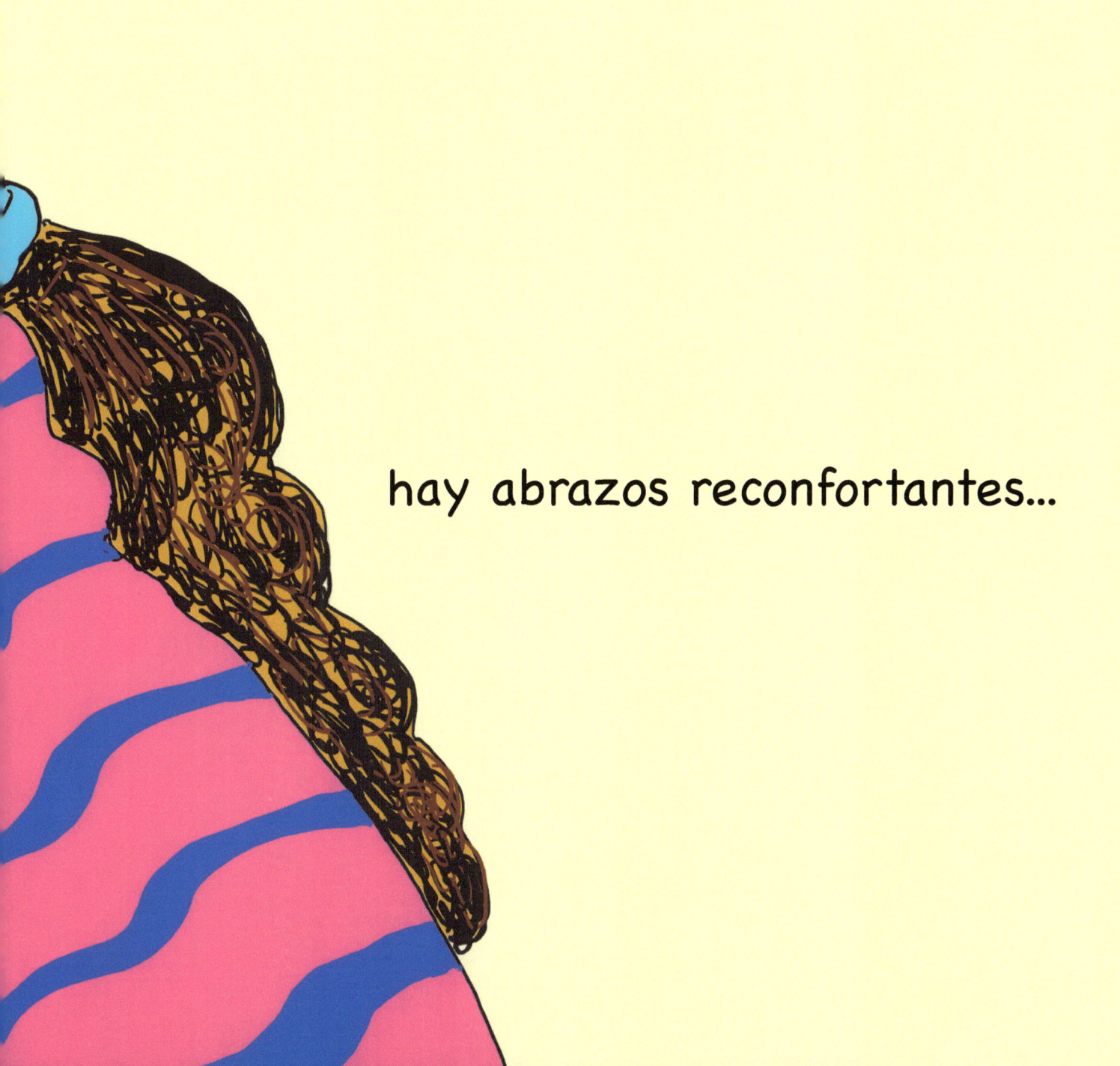

hay abrazos reconfortantes...

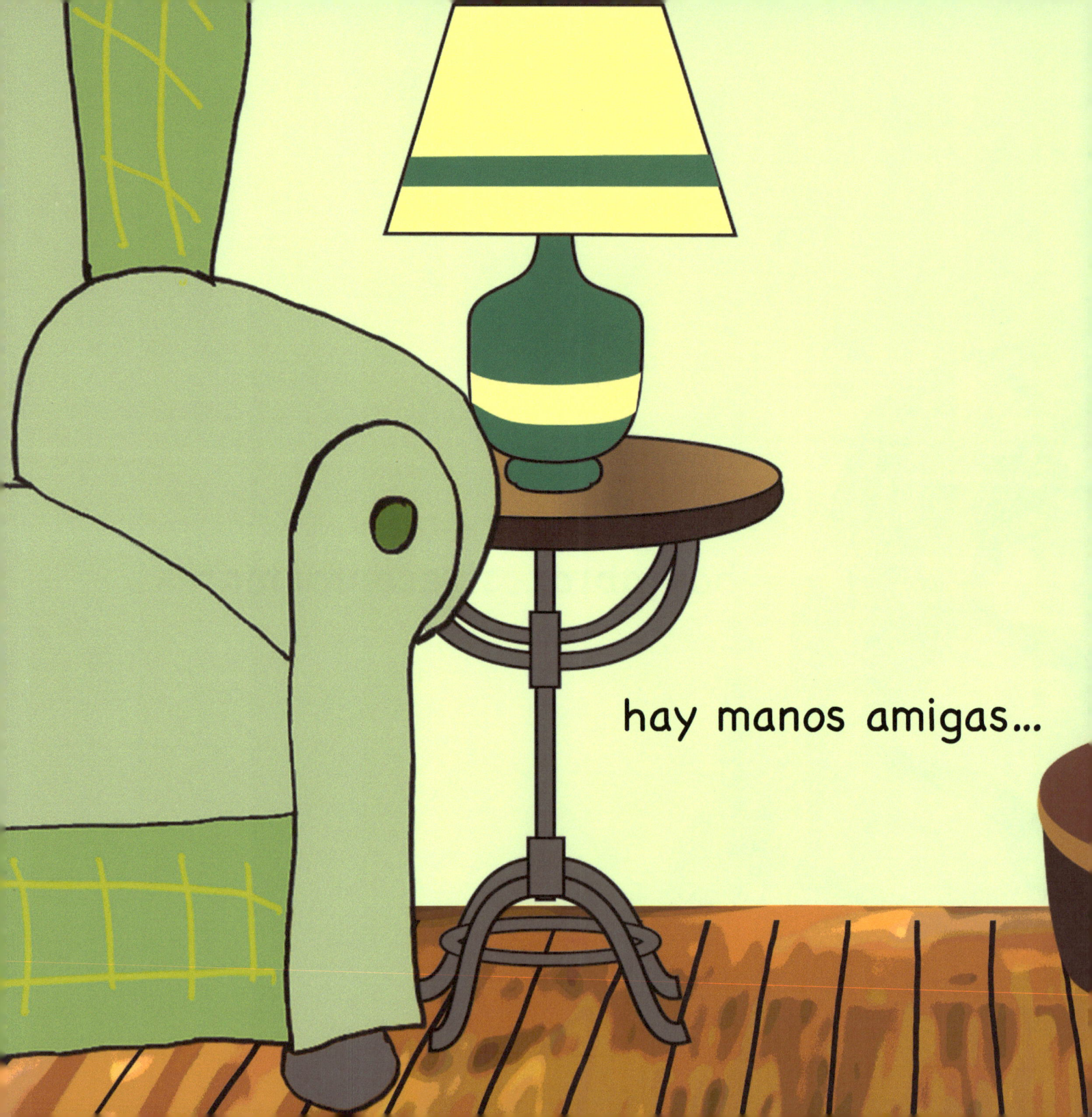

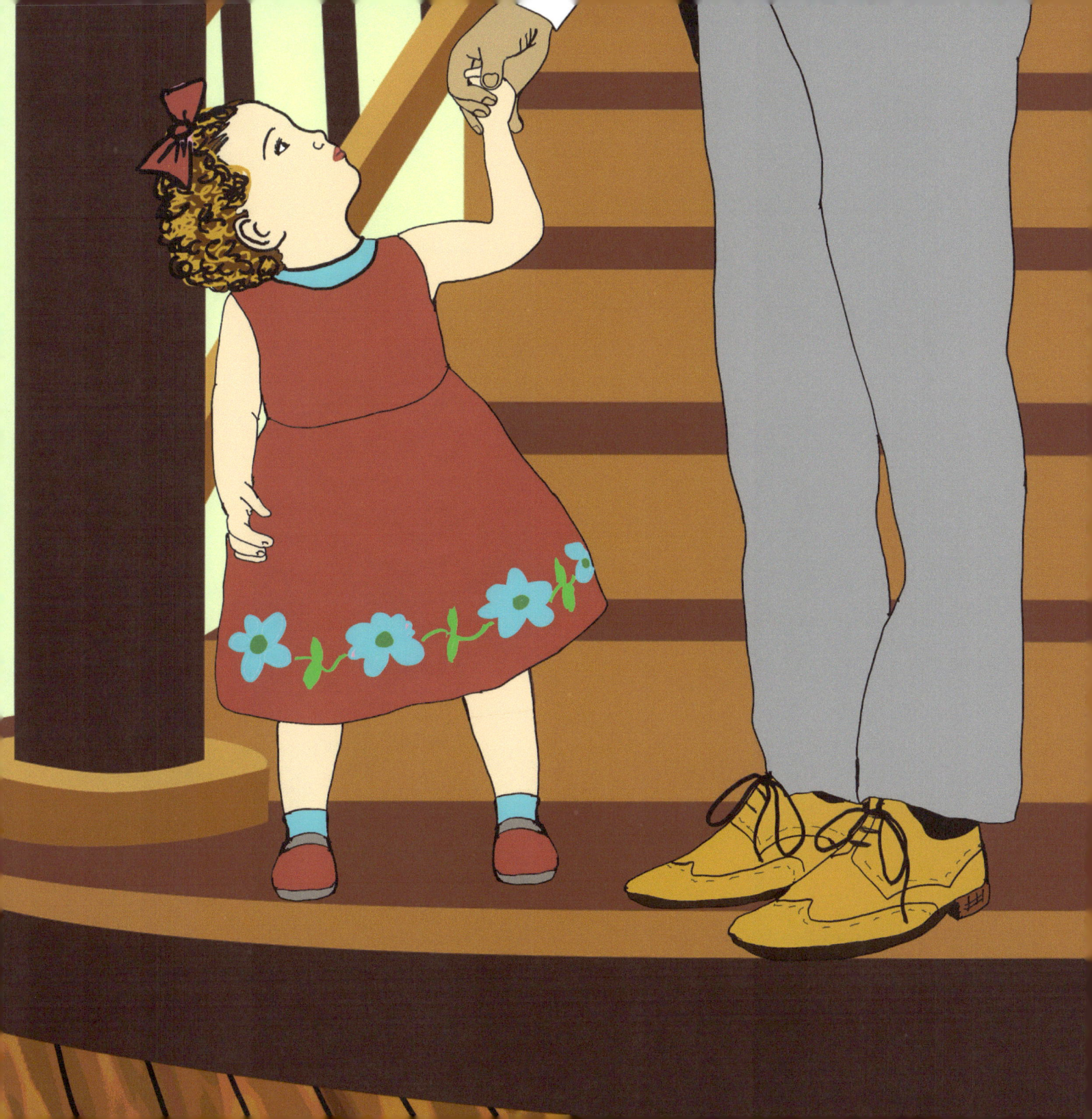

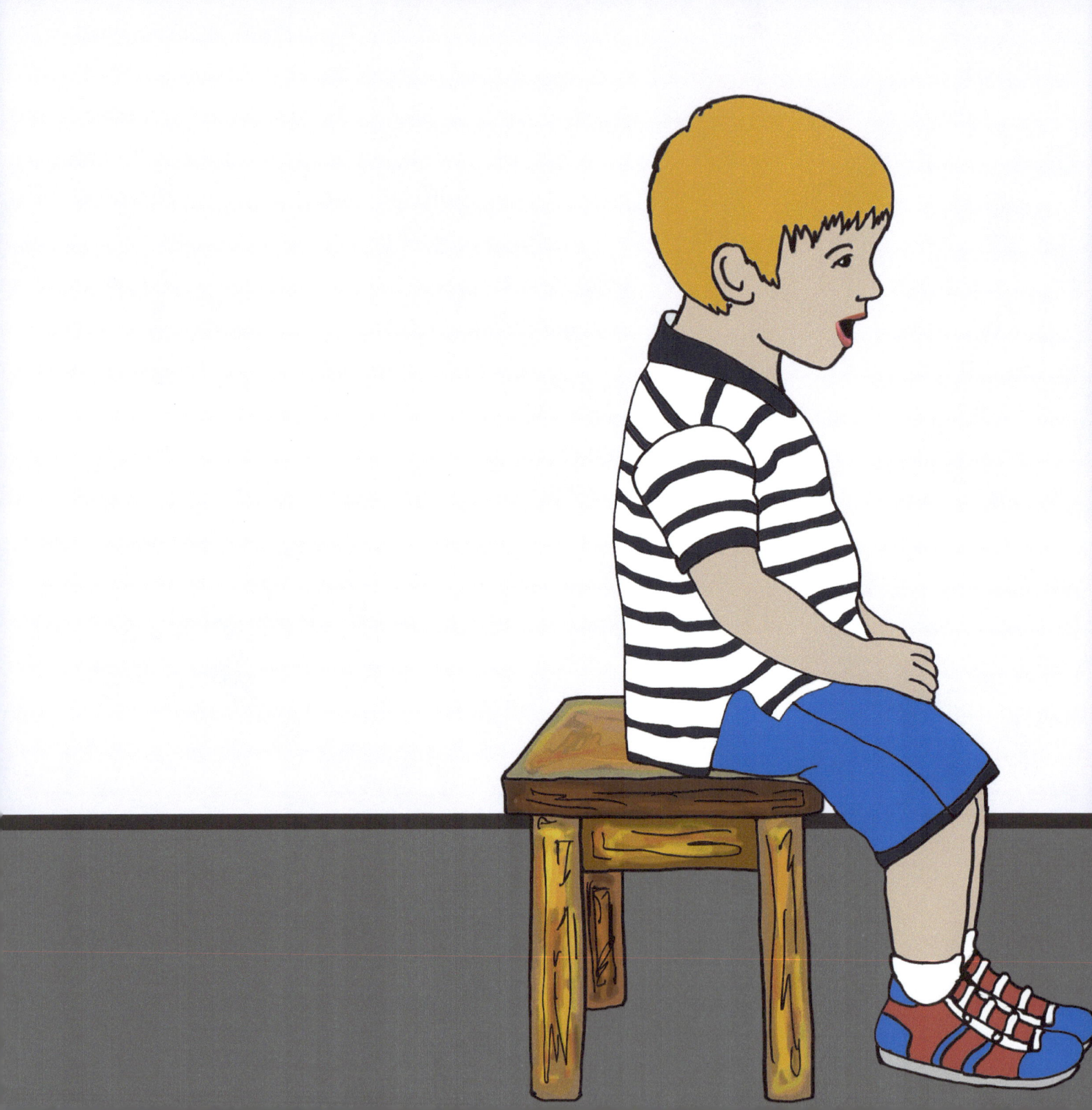

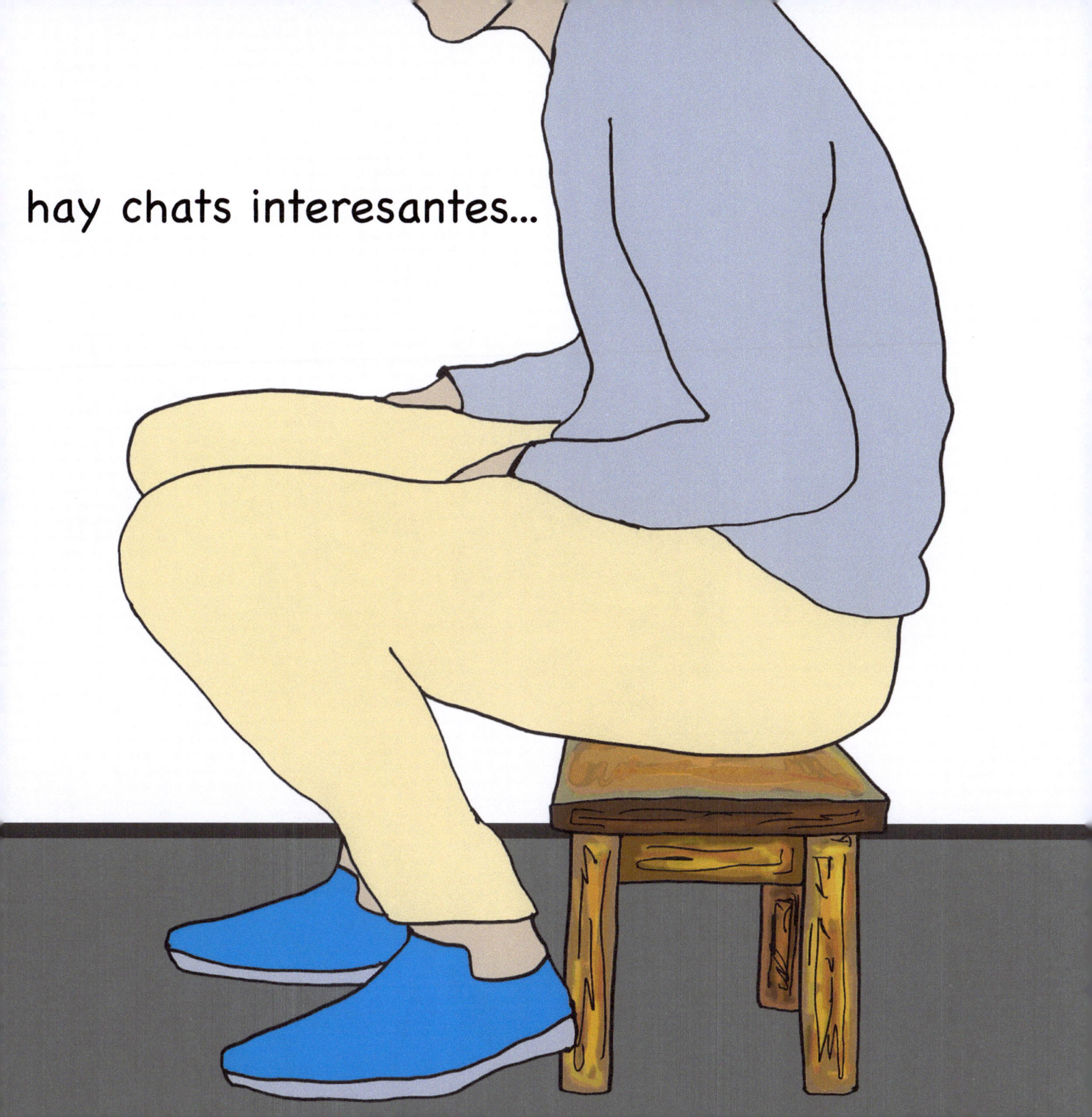

hay flores deslumbrantes...

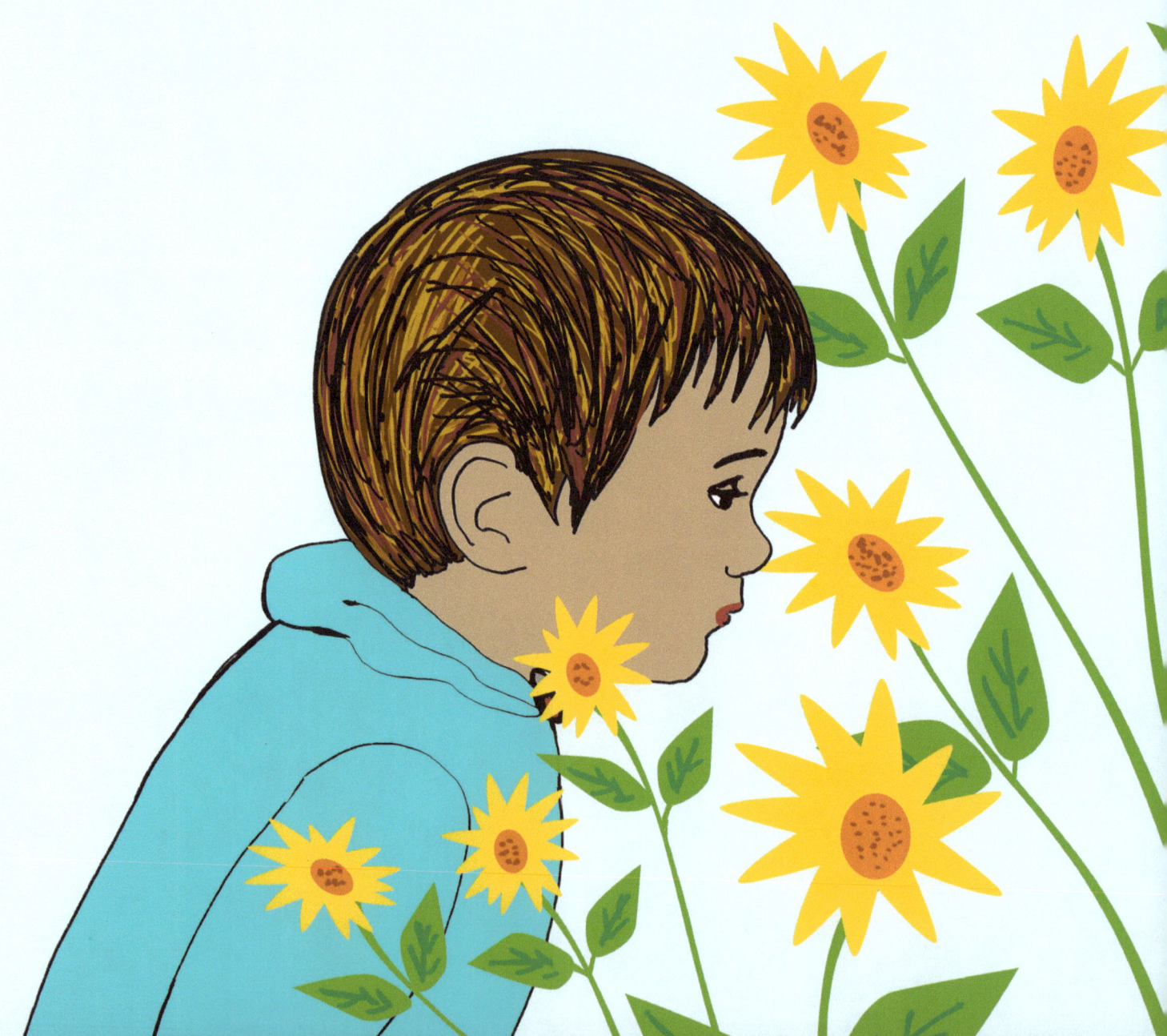

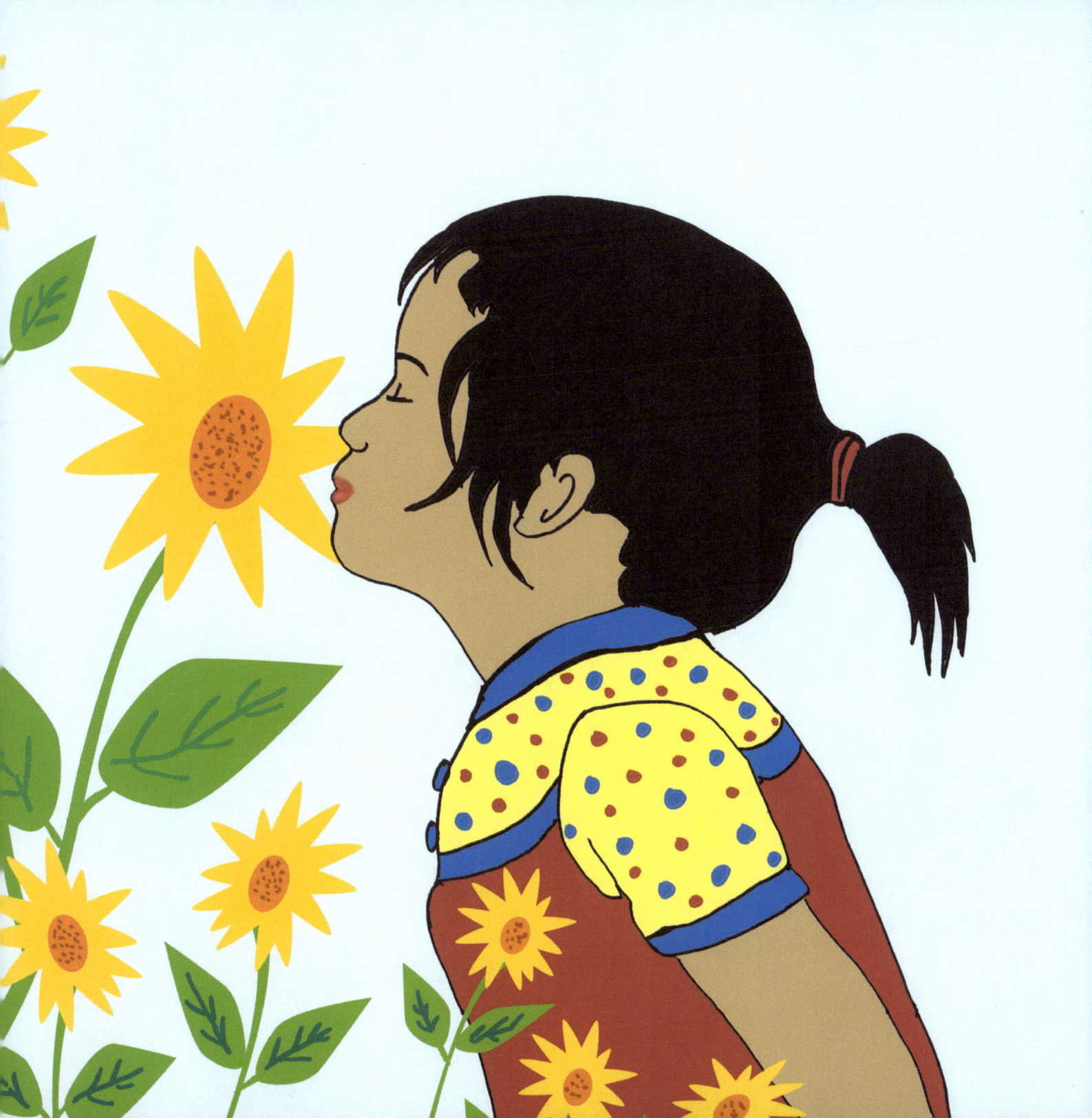

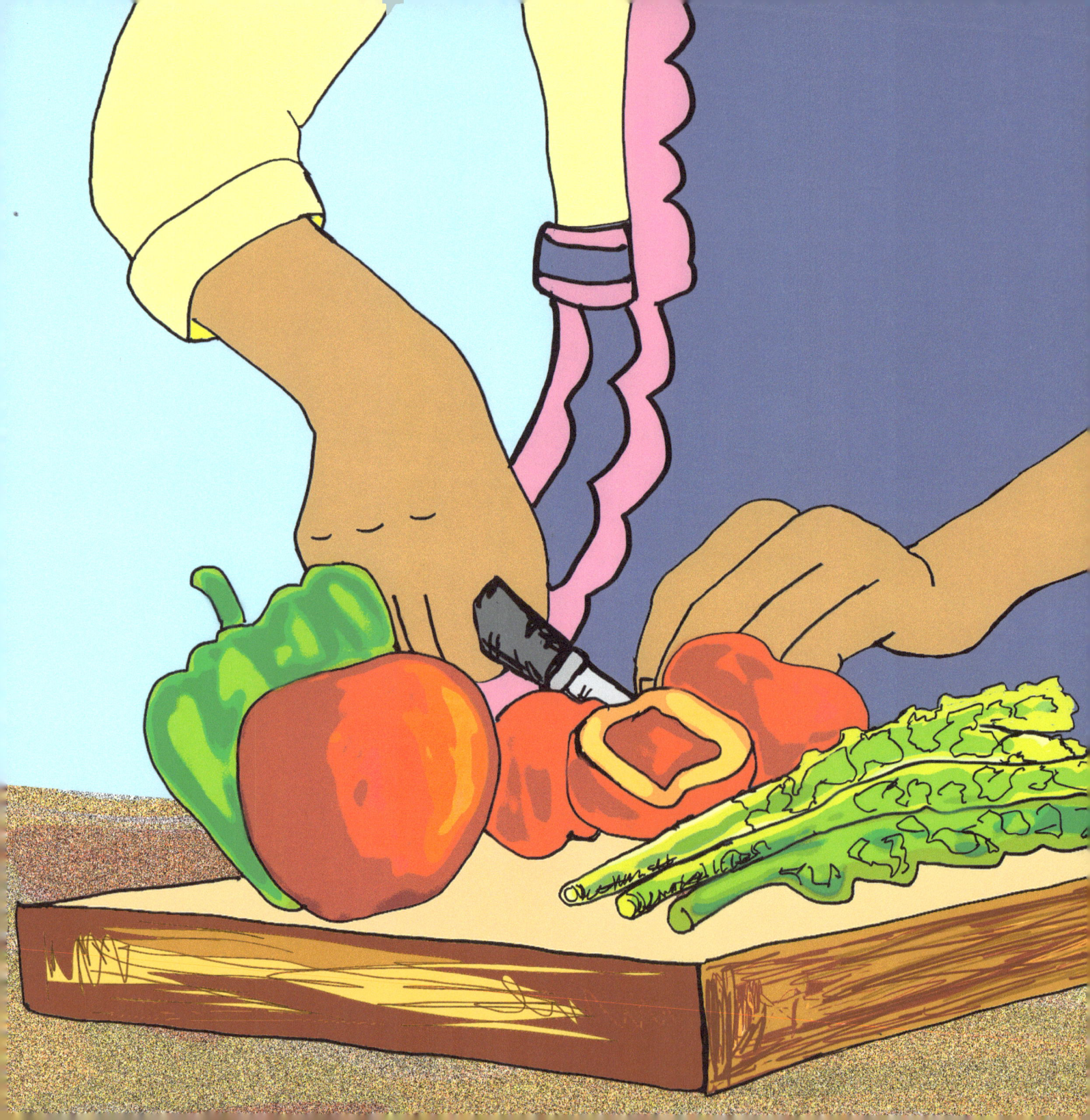

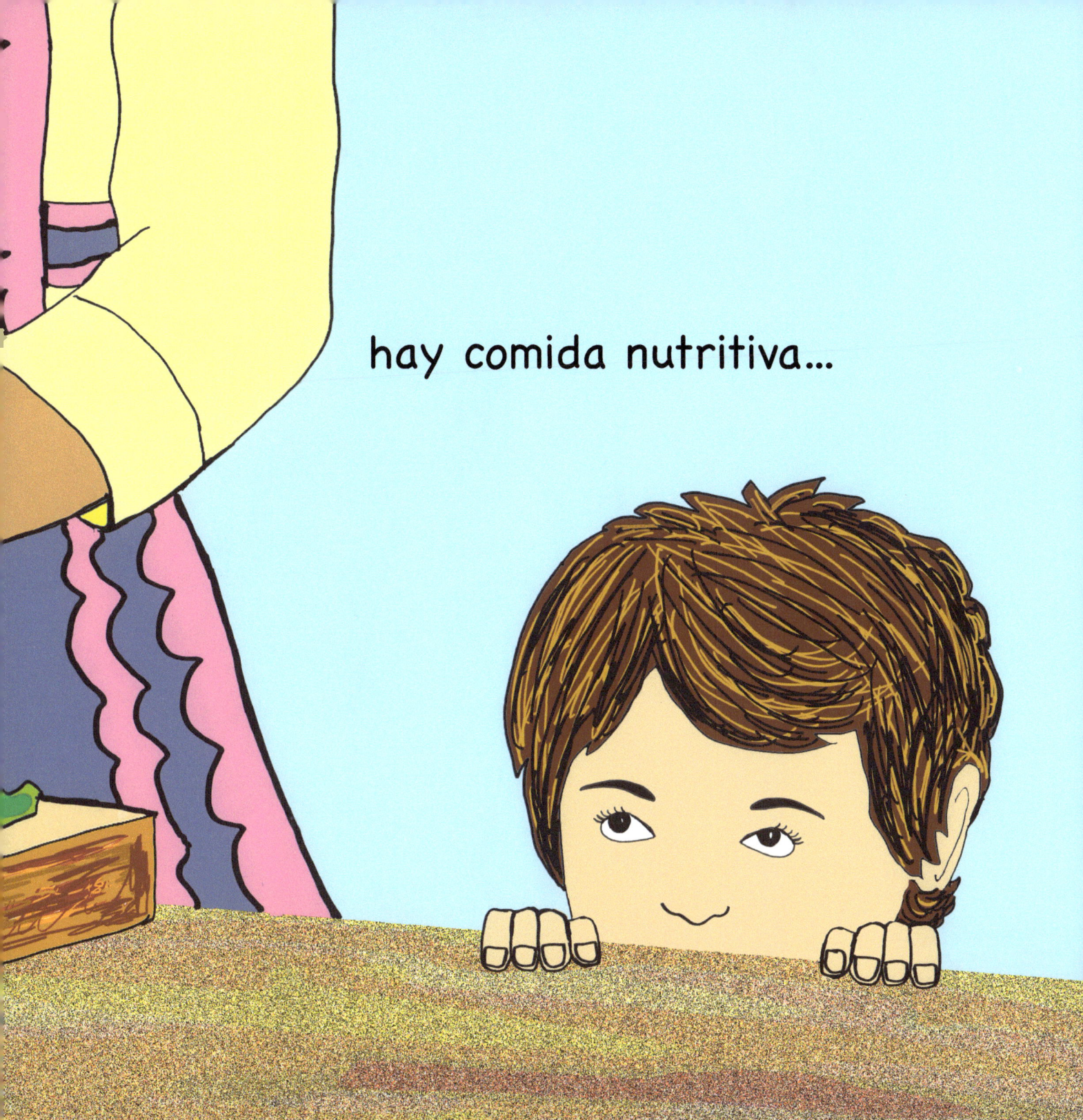

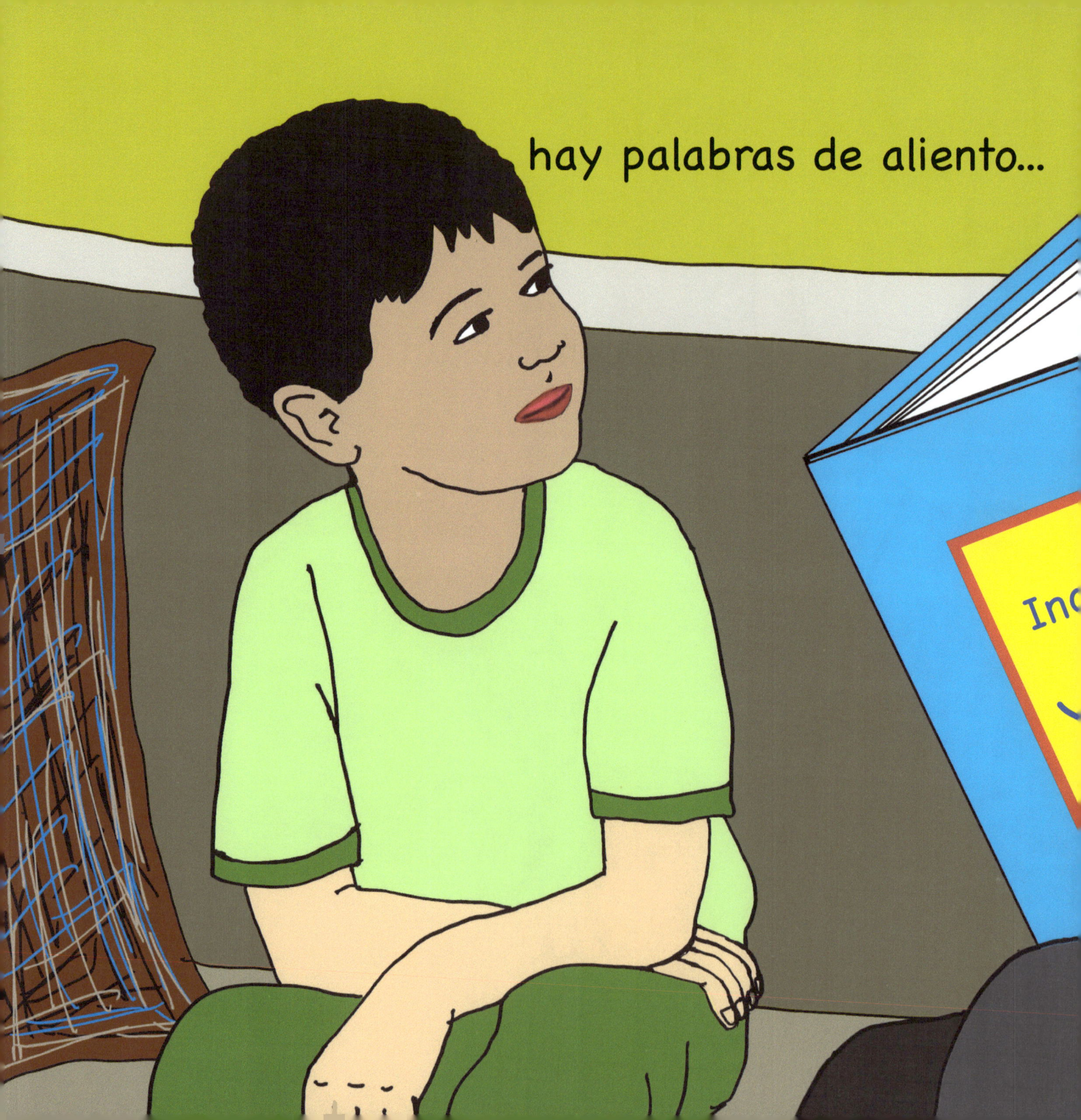

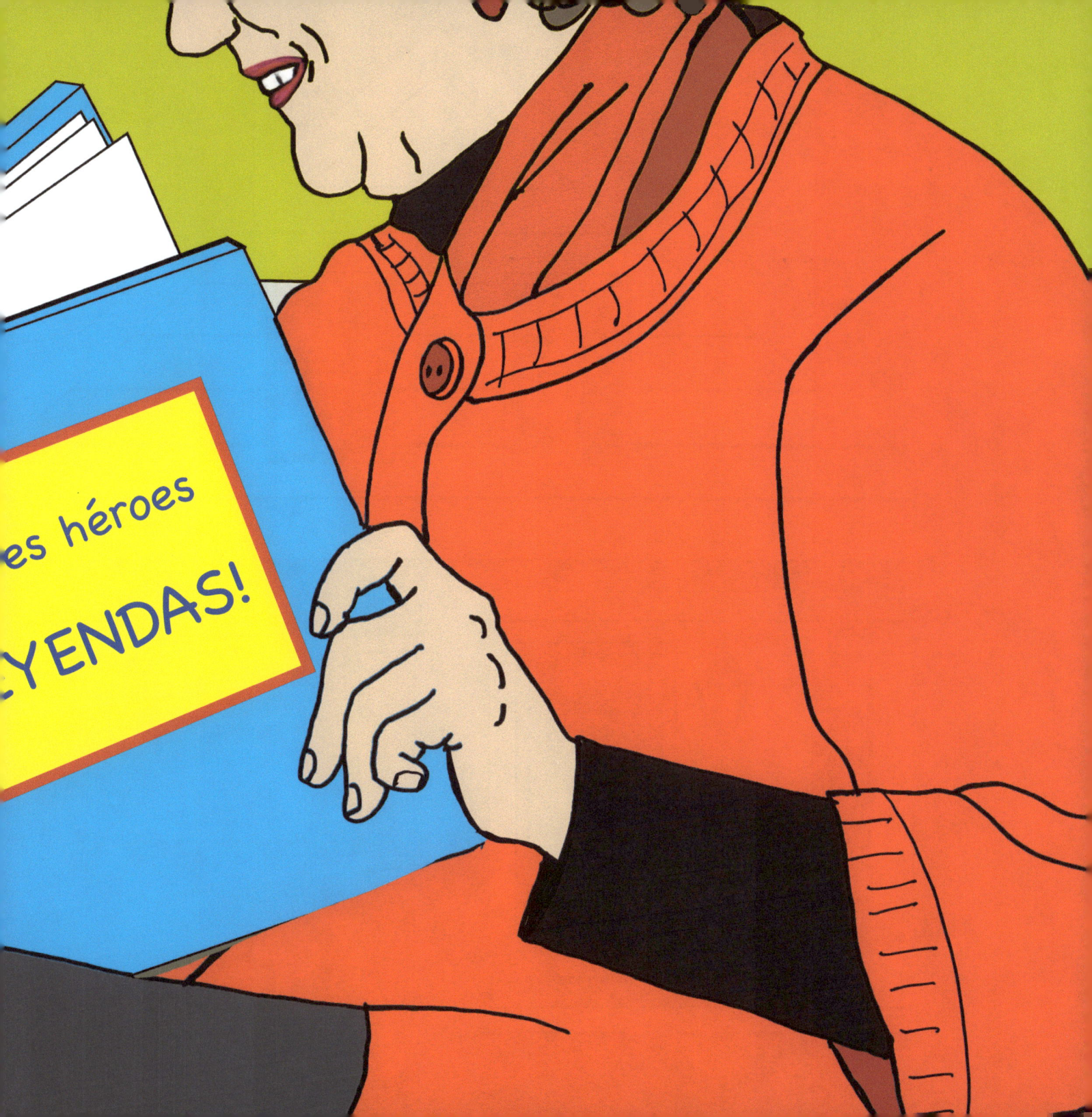

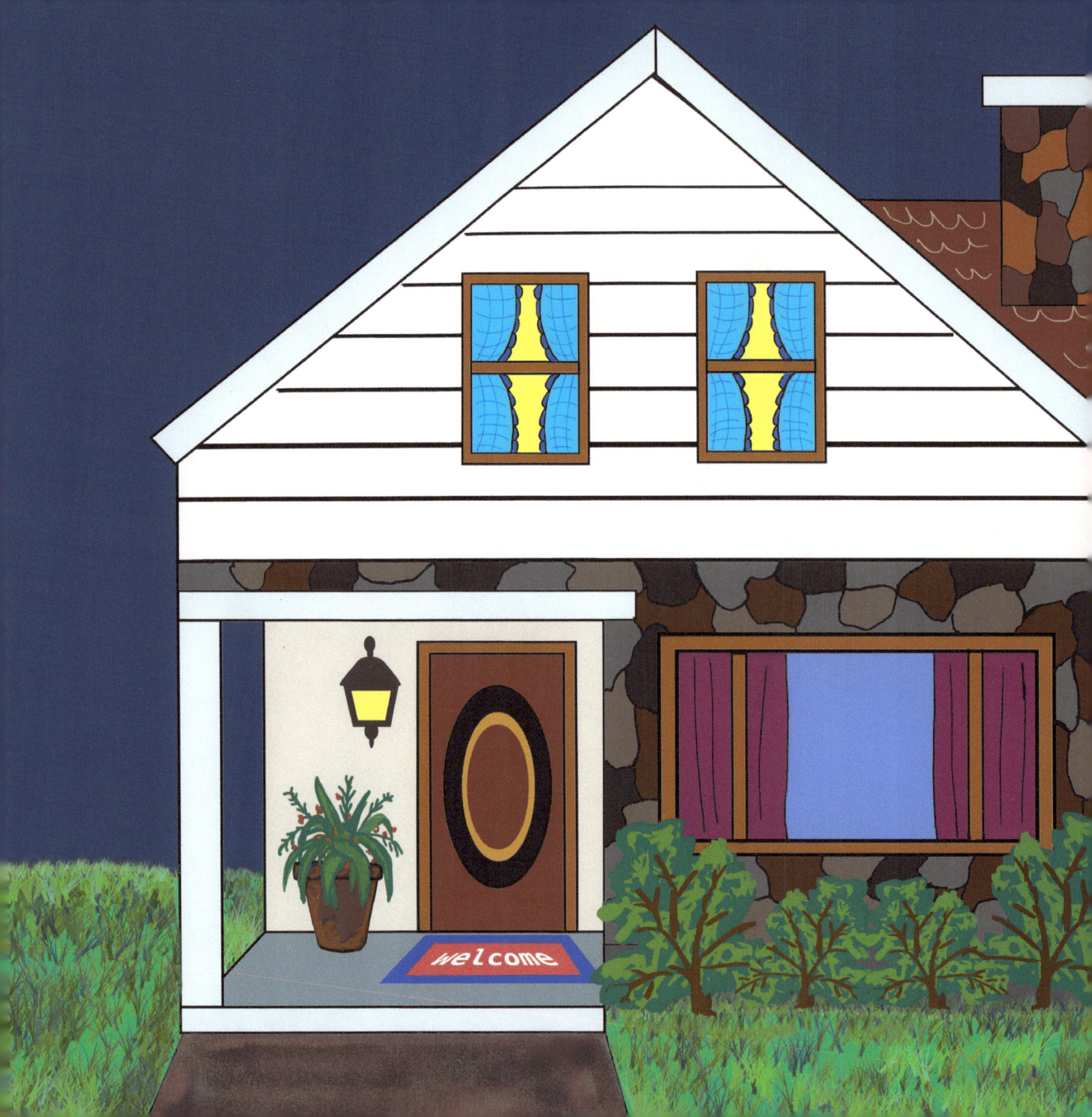

En este día...

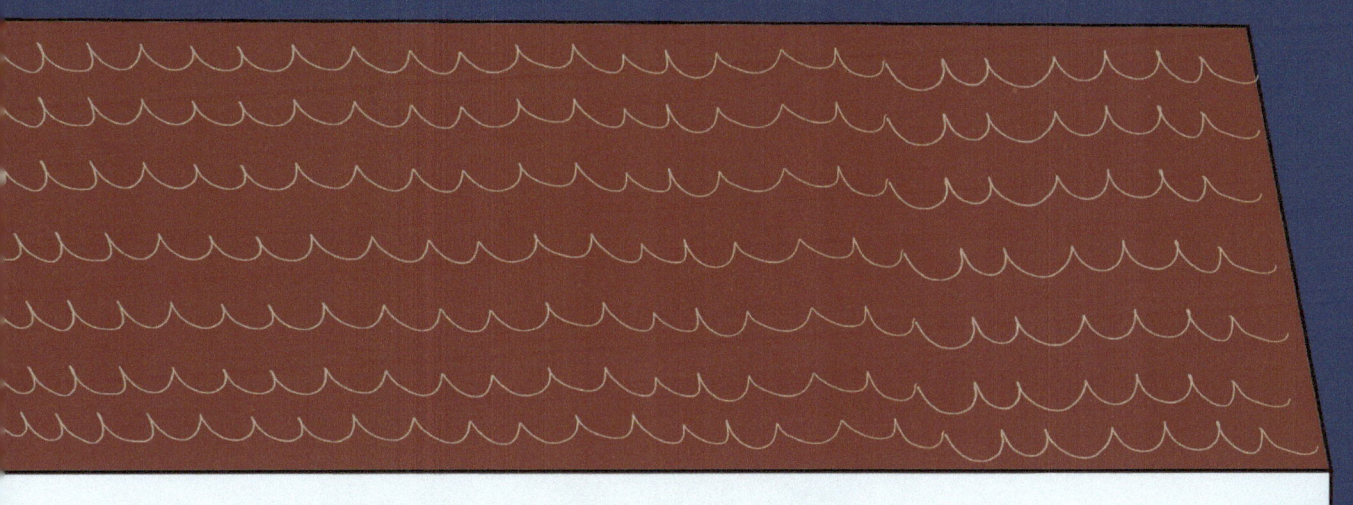

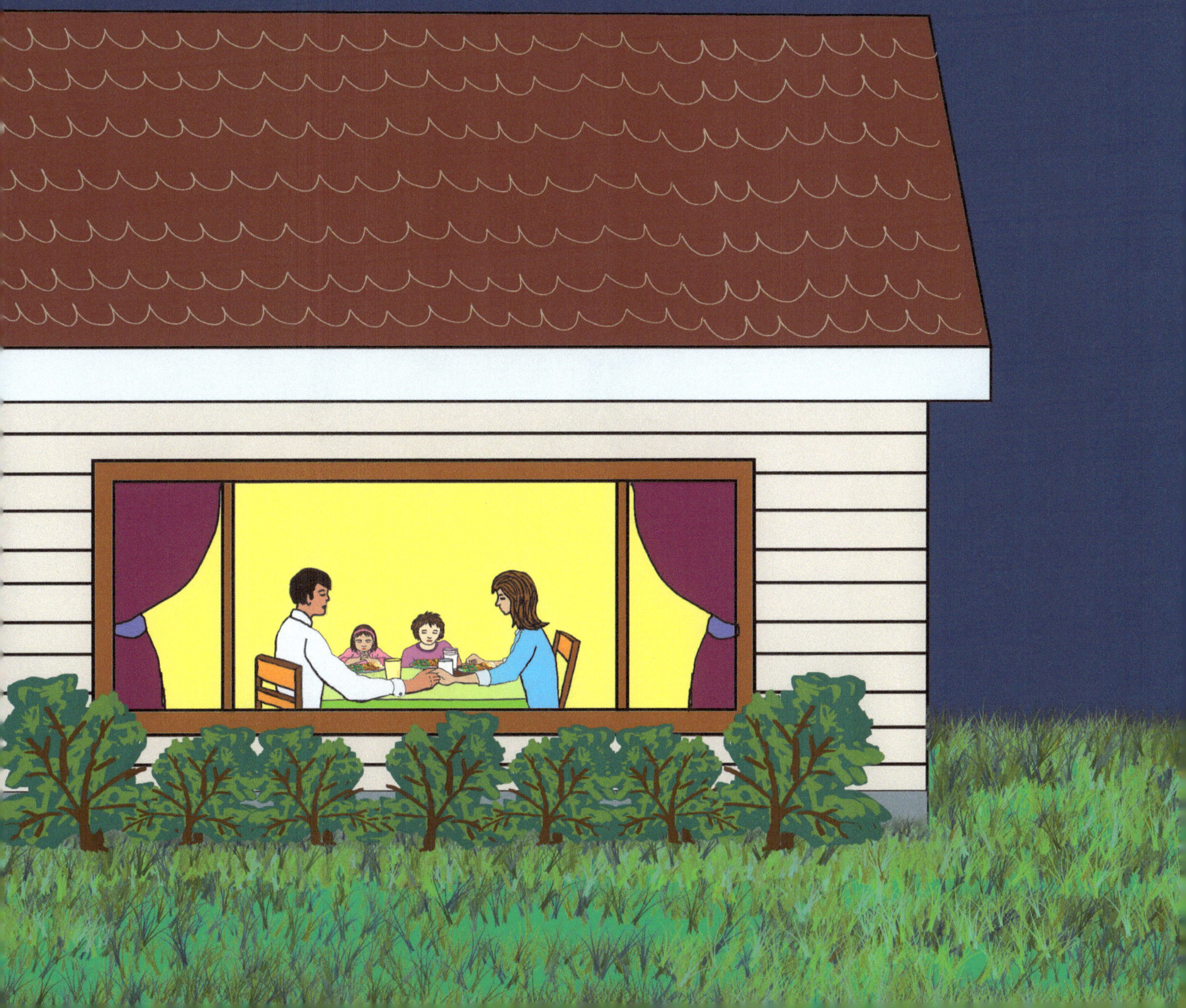

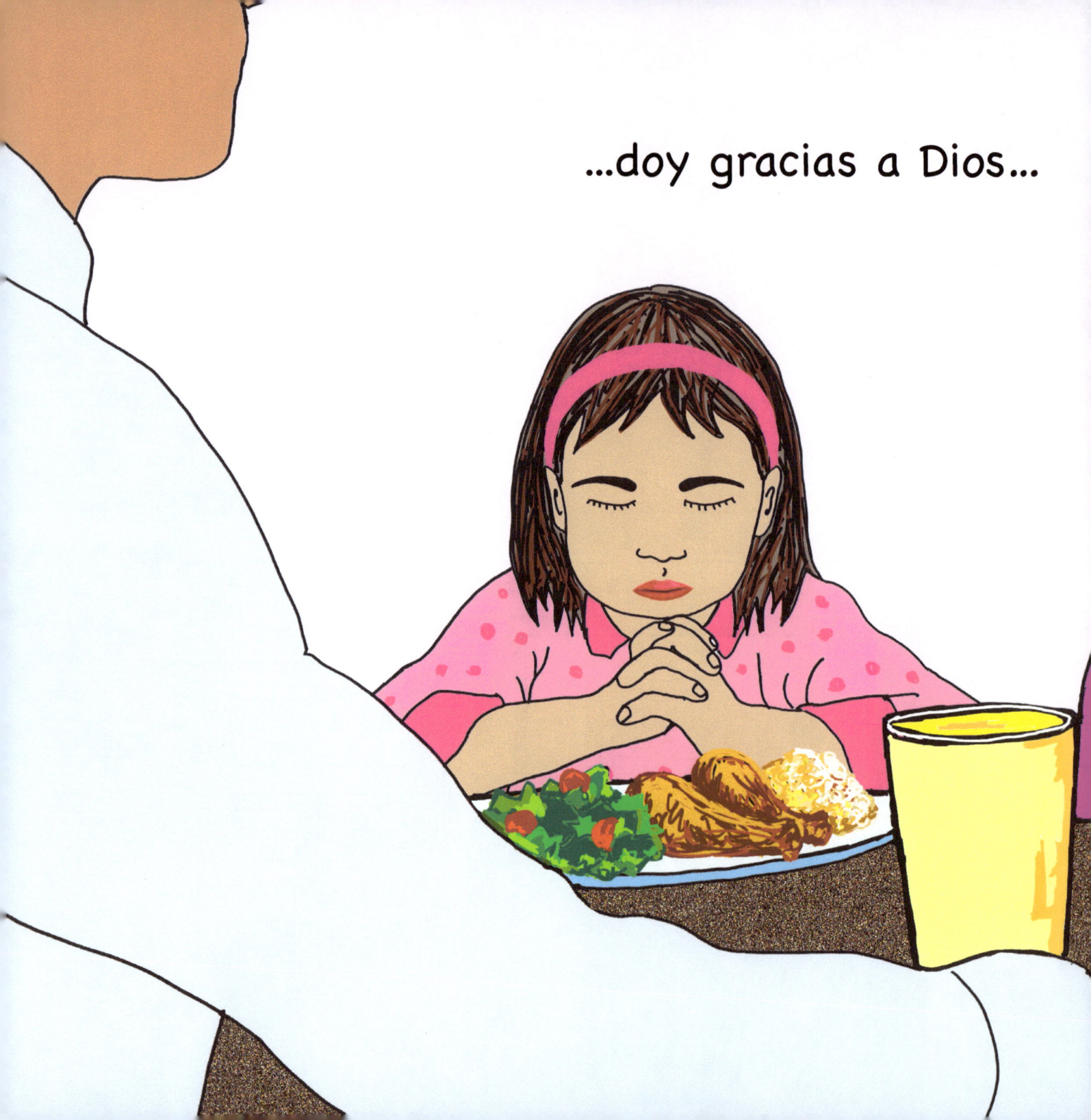

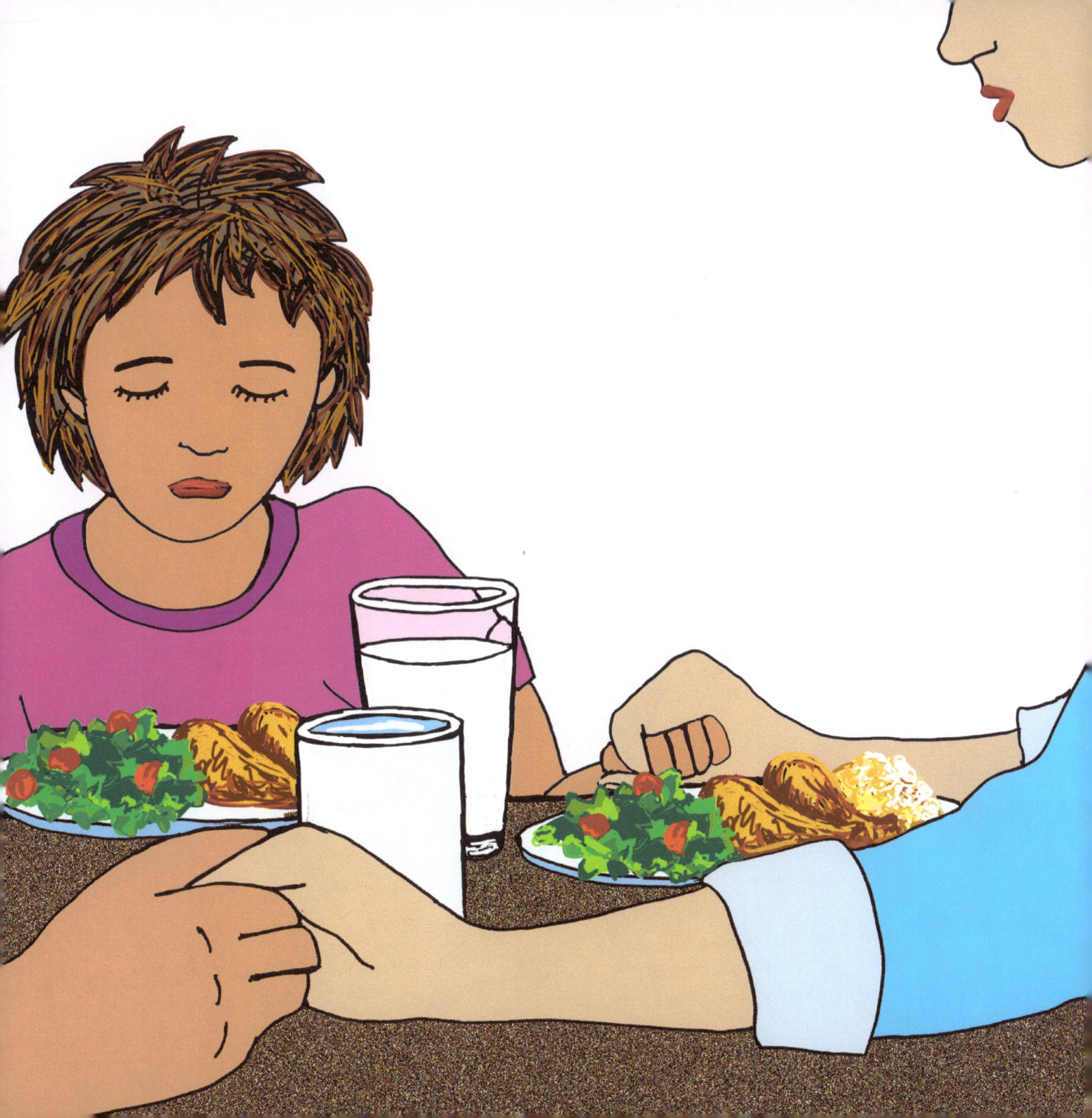

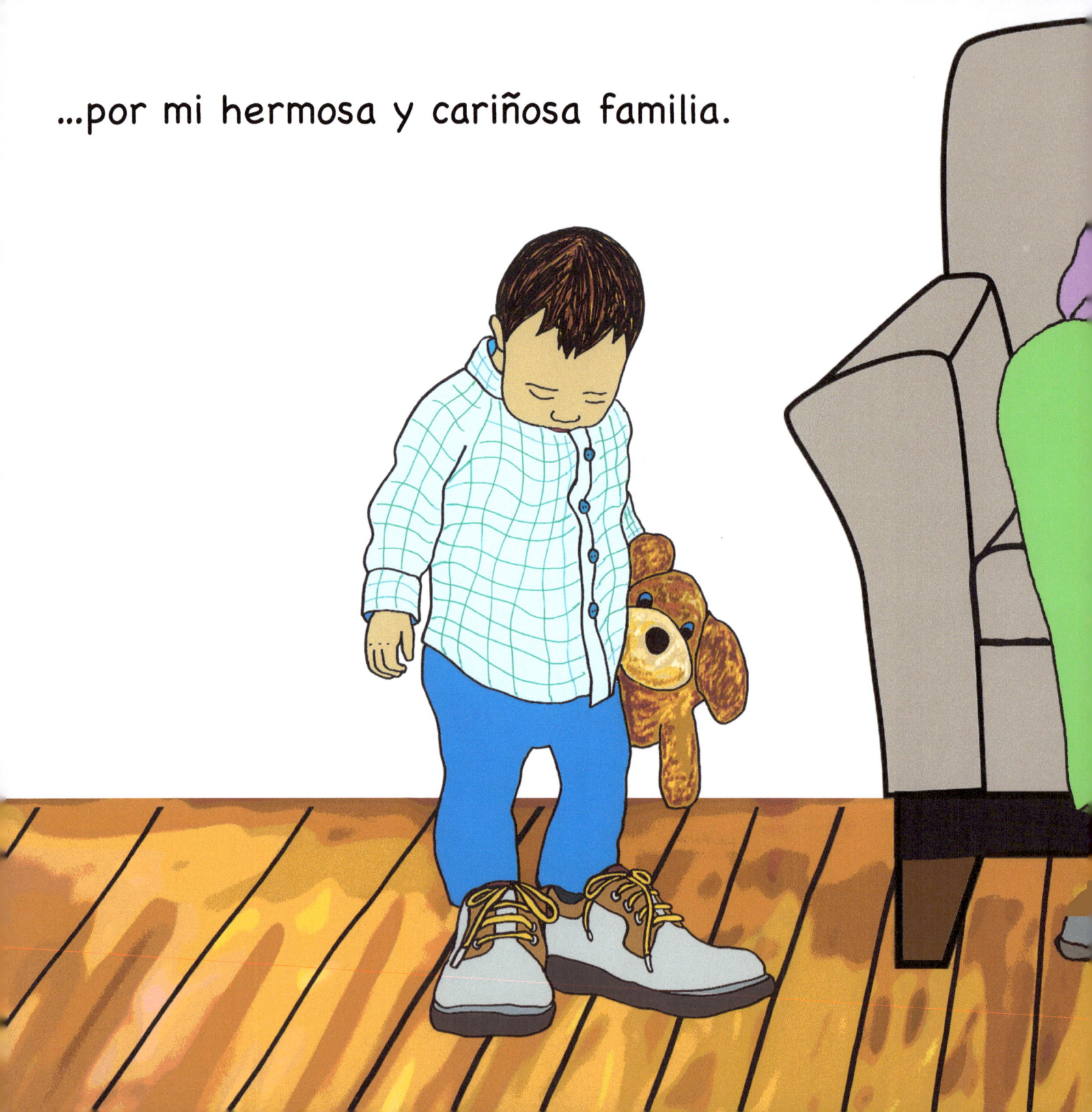
...por mi hermosa y cariñosa familia.

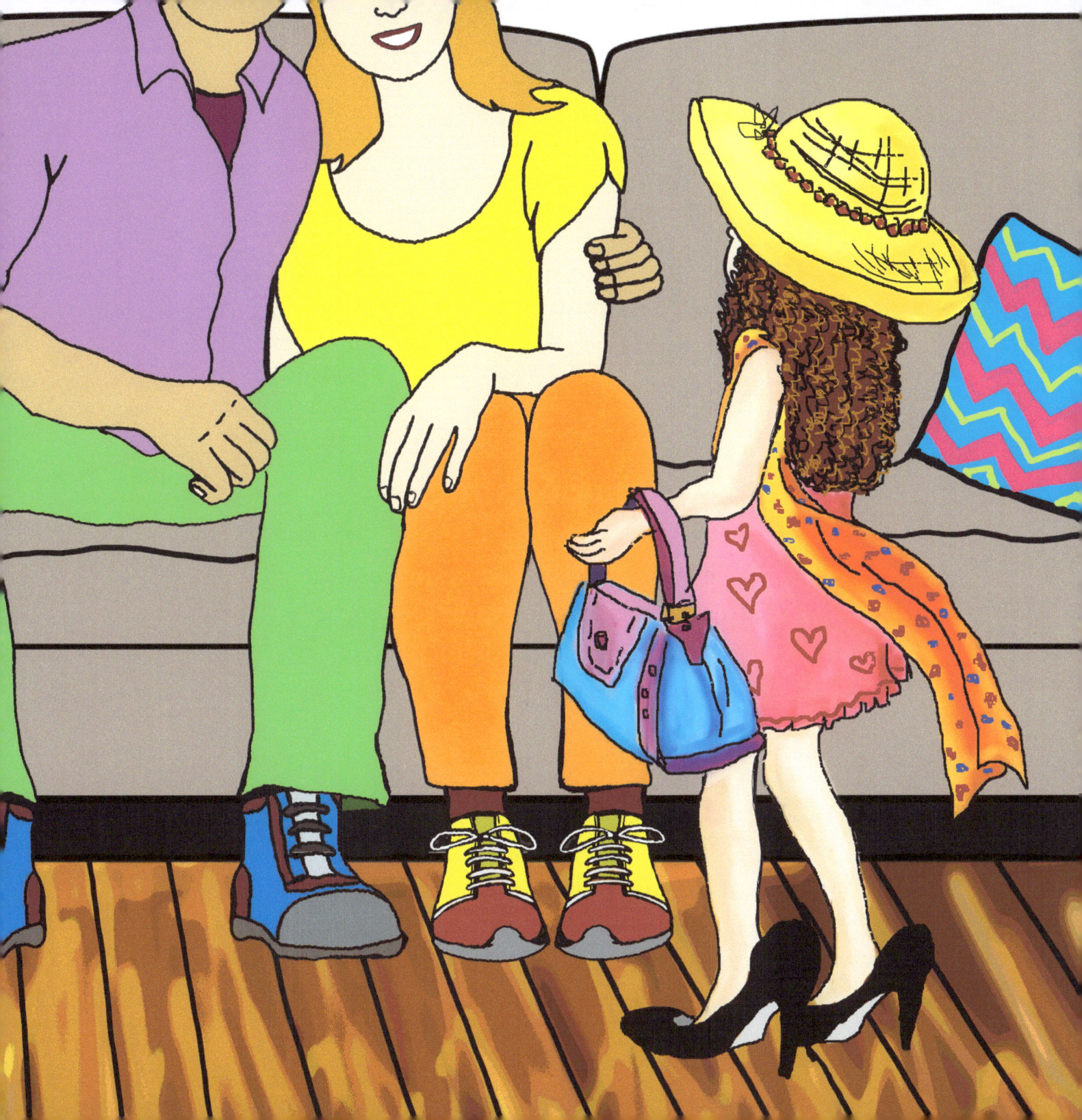

abrazos reconfortantes...

1 Juan 3:1
MIRAD cuál amor nos ha dado el Padre, que seamos
llamados hijos de Dios: por esto el mundo no nos conoce,
porque no le conoce á él.

manos amigas...

Isaías 41:10
No temas, que yo soy contigo; no desmayes, que yo soy tu Dios
que te esfuerzo: siempre te ayudaré, siempre te sustentaré
con la diestra de mi justicia.

chats interesantes...

1 Juan 3:22
Y cualquier cosa que pidiéremos, la recibiremos de él, porque
guardamos sus mandamientos, y hacemos las cosas
que son agradables delante de él.

flores deslumbrantes...

Juan 1:3
Todas las cosas por él fueron hechas; y sin él nada
de lo que es hecho, fué hecho.

comida nutritiva...

Filipenses 4:19
Mi Dios, pues, suplirá todo lo que os falta
conforme á sus riquezas en gloria en Cristo Jesús.

palabras de aliento...

Salmos 37:4
Pon asimismo tu delicia en Jehová,
Y él te dará las peticiones de tu corazón.

¡Conozca La Autora!

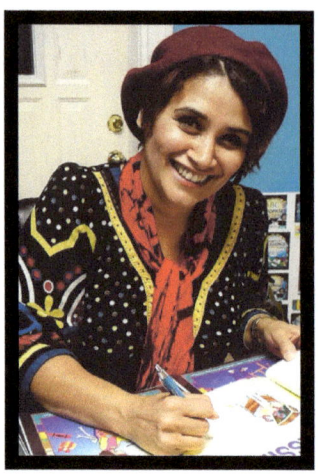

Nancy aporta una perspectiva fresca como autora, ilustradora y creativa. Cuando era niña, le encantaba el arte y se pasaba horas dibujando y pintando imágenes, ya sea de la imaginación o de los libros de cuentos que ella leía. Con este gran interés, Nancy estudió y se graduó con una licenciatura en bellas artes y diseño. También obtuvo un título de Maestría en Educación y un certificado de nivel de posgrado en orientación de escuela primaria. Una productiva carrera de veinte años en enseñanza primaria y orientación escolar, y su amor por trabajar con niños se han convertido en la fuente de motivación e ideas para su creatividad. En la actualidad, Nancy dedica apasionadamente su tiempo a la ilustración y la escritura de libros ilustrados para niños y recursos educativos. Cuando no está en viajes mundiales, actualmente reside en Oak Park, Illinois.

Visite el sitio web de la autora:
WWW.VISIBLYPRESENTIMAGERY.COM

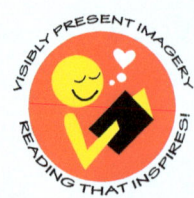